AF452037

NOUVEAU CERCLE.

STATUTS.

PARIS. — TYPOGRAPHIE ET LITH. FÉLIX MALTESTE et Cie.
Rue des Deux-Portes-Saint-Sauveur, 22.

NOUVEAU CERCLE.

STATUTS.

—

TITRE PREMIER.

Dispositions Préliminaires.

ARTICLE PREMIER.

Il est formé, par les personnes qui adhèrent aux présens statuts, une Société qui prend la dénomination de *Nouveau Cercle*.

La durée de la Société est illimitée.

ART. 2.

Le but de cette Société est de réunir des hommes honorables et de bonne compagnie, de leur donner la faculté de lire les journaux et revues, d'entendre des conférences tour à tour littéraires et d'économie politique faites dans l'intérieur du Cercle, et de jouer les seuls jeux de commerce permis par les présens statuts.

Art. 3.

Le Cercle sera composé de membres *titulaires* et de membres *temporaires*.

Le nombre des membres titulaires sera fixé ultérieurement.

Art. 4.

Les étrangers pourront devenir membres titulaires, mais seulement après avoir été membres temporaires pendant au moins quatre mois.

Devenus membres titulaires, ils n'auront jamais voix délibérative ; ils ne pourront ni voter pour l'admission de nouveaux membres, ni servir de parrains.

Art. 5,

Les membres temporaires seront les personnes des départemens et de l'étranger qui désireront fréquenter le Cercle pendant leur séjour à Paris, et qui auront été reçues en cette qualité par le vote général.

Art. 6.

Les membres titulaires seulement seront appelés aux assemblées générales, auront le droit de voter pour l'admission de nouveaux membres, de servir de parrains, prendront part à l'administration et à la surveillance du Cercle.

—

TITRE DEUXIÈME.

Avantages matériels du Cercle.

Art. 7.

Le Cercle offrira des salons convenablement disposés pour la lecture, les conférences et les jeux. Ces salons seront chauffés et éclairés, fournis de tous les objets nécessaires à leur destination, et desservis par un nombre suffisant de domestiques. Ils seront ouverts tous les jours, le salon de lecture à neuf heures, les autres à midi ; et fermés, le salon de lecture à minuit, les autres à une heure après minuit.

Les prix des cartes, des parties de billard, de trictrac et des autres jeux permis, seront fixés par la commission, qui pourra les augmenter ou les diminuer, suivant qu'elle le jugera convenable aux intérêts du Cercle.

Art. 8.

La Société se réserve le droit d'établir plus tard une bibliothèque et une table pour les dîners.

TITRE TROISIÈME.

Cotisations. — Produits divers.

Art. 9.

L'année du Cercle commencera au 1er janvier, époque à laquelle seront dues les cotisations annuelles.

La cotisation annuelle de chaque membre titulaire est fixée à trois cents francs. jusqu'à ce qu'il soit reconnu en assemblée générale que la prospérité du Cercle permet d'en baisser le taux.

Art. 10.

Tout membre titulaire reçu après le 1er avril 1847 devra acquitter un droit d'entrée de cent francs en sus de sa cotisation annuelle.

La cotisation annuelle entière sera due par tout nouveau membre titulaire, à quelque époque de l'année qu'il soit reçu.

Art. 11.

Tout membre nouvellement reçu qui n'aura pas payé deux cents francs un mois après le jour de sa réception, ou deux mois après, en cas d'absence. et les deux cents autres francs trois mois après le jour de son admission, ne fera plus partie du Cercle.

Art. 12.

Les membres temporaires auront à payer une cotisation mensuelle de trente-cinq francs. Ils paieront le montant de cette cotisation en recevant leur carte d'entrée valable pour un mois.

Art. 13.

Tout candidat nouvellement reçu, soit titulaire, soit temporaire, sera tenu de verser sa cotisation par le fait de son admission, et alors même qu'il refuserait d'en profiter.

Les parrains du candidat seront solidairement responsables de l'exécution de cet article.

Art. 14.

Cessera de faire partie du Cercle tout membre titulaire qui n'aura pas payé la moitié de sa cotisation annuelle le 30 janvier, et la deuxième moitié le 30 avril.

Cet article n'est pas applicable aux membres fondateurs, qui restent soumis à leur engagement de payer la première année comptant.

Art. 15.

Tout membre titulaire qui n'aura pas notifié par écrit au secrétariat, avant le 1er janvier, l'intention de cesser de faire partie du Cercle, restera débiteur de sa cotisation pour l'année suivante.

Art. 16.

Tous les fonds reçus, à quelque titre que ce soit, seront versés en compte courant dans une maison de banque, et ne pourront en être retirés que sur la signature de deux commissaires et de l'agent comptable.

Art. 17.

L'excédant des recettes sur les dépenses sera employé en améliorations par la commission, qui en rendra compte à l'assemblée générale.

Art. 18.

Toutes les dépenses courantes, faites

par les membres dans l'intérieur du Cercle, et les amendes auxquelles ils pourraient être condamnés, seront payées au moment même.

ART. 19.

Dans le cas où les recettes n'égaleraient pas les dépenses, MM. les membres titulaires, convoqués à domicile, se réuniront en assemblée générale à l'effet de décider, à la majorité des trois quarts des membres présens, si la Société doit être dissoute, ou pour aviser aux moyens à prendre.

—

TITRE QUATRIÈME.

Élections des Membres titulaires. — Des Membres temporaires. — Congés.

ART. 20.

Pour être admis comme membre titulaire, il faudra :

1° Être âgé de 21 ans ;

2° S'engager à payer la cotisation annuelle, conformément à l'art. 9, et le droit d'entrée, conformément à l'art. 10,

Art. 21.

Pour être admis comme membre temporaire, il faudra :

1° Être âgé de 21 ans ;

2° S'engager à payer la cotisation mensuelle conforme à l'art. 12.

Art. 22.

Les enfans, neveux, frères et pupilles de MM. les membres seront dispensés de la condition de l'âge, s'ils sont présentés par leur père, oncle, frère ou tuteur : toutefois, ils devront être âgés d'au moins 18 ans.

Néanmoins, ils ne pourront être parrains que lorsqu'ils auront atteint l'âge de 21 ans.

Art. 23.

L'admission au Cercle des membres titulaires et des membres temporaires aura lieu par le ballottage général.

Les demandes d'admission seront enregistrées dans les livres tenus à cet effet, et dont la garde sera confiée au secrétaire. Elles devront être appuyées de la signature de trois membres du Cercle se portant parrains du candidat.

Les noms des candidats titulaires seront affichés pendant cinq jours dans les salons du Cercle, et ceux des candidats temporaires pendant quatre jours avant leur ballottage.

Art. 24.

Le ballottage aura lieu tous les dimanches, à quatre heures, depuis le 1ᵉʳ janvier jusqu'au 31 mai.

Le scrutin restera ouvert pendant une heure et demie.

Il faudra au moins 20 votans pour qu'un ballottage soit valable. Dans le cas où le nombre des membres du Cercle deviendrait plus considérable, la commission aura le droit de porter le nom-

bre de 20 votans au chiffre qu'elle jugera
convenable.

Art. 25.

La commission nommera chaque semaine deux de ses membres pour présider
au ballottage.

On se servira d'autant d'urnes qu'il y
aura de candidats à ballotter.

Le secrétaire inscrira les noms des
membres du Cercle qui se présenteront
pour voter, et chaque membre devra voter en personne.

On remettra à chacun des membres, au
moment de voter, une boule noire et une
boule blanche pour chacun des candidats.

Art. 26.

Une boule noire sur six suffira pour
empêcher l'admission du candidat.

Art. 27.

Si dans une urne il se trouve moins de
vingt boules, ou s'il y en avait plus que
de votans, le scrutin étant défectueux

sera déclaré nul pour ce candidat seulement.

Le dépouillement du scrutin sera fait publiquement par les deux commissaires.

Le résultat du scrutin sera annoncé par les mots : *admis, ajourné, scrutin nul.*

Art. 28.

Un candidat ajourné ne pourra se représenter que l'année suivante.

Art. 29.

Les trois parrains exigés pour la présentation des candidats titulaires, seront jusqu'au 1er janvier 1849, nécessairement pris parmi les fondateurs. Pendant quatre années, à partir du 1er janvier 1849, un membre fondateur parmi les trois parrains sera obligatoire.

Art. 30.

Tout membre titulaire, fondateur ou non, aura le droit de présenter un ou plusieurs candidats, pour faire partie du Cercle comme membres temporaires ; mais jusqu'au 1er janvier 1849, les deux parrains qu'il devra s'adjoindre seront nécessairement pris parmi les membres fondateurs.

Art. 31.

MM. les Membres temporaires, à l'aide d'une carte d'entrée, valable pour un mois, qui leur sera délivrée aussitôt après leur admission, et qui sera renouvelée chaque mois, sur leur demande, seront reçus dans les salons du Cercle comme MM. les membres titulaires, et ils jouiront des mêmes avantages. Après quatre mois écoulés, ils devront être soumis de nouveau au scrutin, même pour rester membres temporaires.

Du 31 mai au 1er janvier, la commission administrative est autorisée à proroger l'association temporaire sans soumettre de nouveau au scrutin ceux qui en feront partie.

Art. 32.

Tout membre du Cercle ayant donné

sa démission, ne pourra plus y être réadmis à quelque titre , ni à quelque époque que ce soit.

Art. 33.

La commission pourra accorder des congés ; elle pourra aussi proroger d'office les congés accordés précédemment. La décision de la commission en matière de concession ou de prolongation de congé ne pourra être fondée que sur la certitude d'une absence effective de Paris, pendant l'année ; elle aura pour effet de maintenir le membre auquel elle s'appliquera sur la liste générale du Cercle , et de l'affranchir du paiement de la cotisation pendant la durée de l'année.

L'apparition au Cercle dans le cours de l'année, quelque momentanée qu'elle soit, comme aussi le séjour à Paris, pendant l'année , révoqueront de plein droit le congé , et donneront ouverture au recouvrement de la cotisation annuelle , sur la décision de la commission administrative, qui, dans ce cas, et par dérogation à l'art. 59 des Statuts, sera définitive et sans appel.

Néanmoins les membres appelés à Paris pour le service public, et qui n'auront pas paru au Cercle, pourront demander le maintien de leur congé à la commission, qui décidera en dernier ressort.

Toutefois, les membres ayant obtenu un congé pourront fréquenter le Cercle pendant les quinze derniers jours de l'année, sans être soumis à la cotisation ; mais alors, et dans aucun cas, le congé ne pourra être prorogé l'année suivante.

—

TITRE CINQUIÈME.

Administration.

Art. 34.

Le nouveau Cercle sera dirigé et administré par treize membres ; le président

1.

du Cercle, deux vice-présidens et dix membres formant la commission administrative. Ils ne pourront être choisis que parmi MM. les membres titulaires.

Sera placé sous la direction de la commission administrative un agent comptable.

Art. 35.

Le président et les deux vice-présidens du Cercle seront nommés, chaque année, par l'assemblée générale du mois de janvier, au scrutin et à la majorité des voix. Ils seront indéfiniment rééligibles. Cet article, quant à l'élection du président, ne sera applicable qu'en janvier 1850, à moins que le président choisi par le comité d'organisation, ne donne sa démission avant cette époque.

Art. 36.

La commission administrative sera également renommée par l'assemblée du mois de janvier, sur un scrutin de liste, à la pluralité des voix ; elle sera renouvelée par moitié, chaque année, d'après l'ancienneté des fonctions, et au sort, en janvier 1848.

MM. les membres sortant pourront être réélus.

Jusqu'en janvier 1850, il devra y avoir au moins sept membres fondateurs parmi les dix membres formant la commission.

Art. 37.

L'agent comptable sera nommé par la commission administrative, et révocable par elle.

Art. 38.

M. le président du Cercle en aura la haute direction.

Il présidera toutes les réunions générales partielles ou spéciales du Cercle et la commission, toutes les fois qu'il le jugera convenable. Il occupera nécessairement le fauteuil pendant les assemblées générales, qu'il pourra convoquer extraordinairement quand il le croira utile.

MM. les vice-présidens, suivant l'ordre

de leur nomination, remplaceront M. le président en cas d'absence; il seront, au besoin, suppléés par MM. les président et vice-presidens de la commission administrative.

ART. 39.

La commission administrative se constituera en nommant dans son sein, au scrutin et à la majorité des voix :

> Un président,
> Un vice-président,
> Un secrétaire,
> Un vice-secrétaire.

M. le président de la commission règlera et dirigera ses travaux ; il la convoquera extraordinairement si le bien du service lui paraît l'exiger.

Il informera M. le président du Cercle de tout ce qui aura été prescrit par la commission.

En cas de partage il aura voix prépondérante.

M. le secrétaire de la commission tiendra la plume chaque fois qu'elle sera réunie, et il aura le soin de faire signer les délibérations par tous ceux qui y auront participé; il tiendra aussi la plume pendant les séances des assemblées générales.

Art. 40.

La commission administrative nommera l'agent comptable conformément à l'article 37, elle fera choix des employés et gens de service.

Elle règlera les frais d'administration.

Elle sera chargée de la direction de tous les détails relatifs au recouvrement et à l'emploi des fonds.

Enfin, il sera conféré à la commission administrative le mandat et les pouvoirs les plus étendus et les plus illimités pour la gestion et l'administration du Cercle, sous la seule condition de se renfermer dans la disposition des présens statuts.

Toutes les délibérations, tous les règlemens, et généralement toutes les mesures adoptées par la commission seront obligatoires pour MM. les membres du Cercle ; bien entendu, néanmoins, que la commission ne pourra faire ni emprunts, ni appels de fonds, sans une délibération de l'assemblée générale, prise à la majorité des trois quarts des membres présens.

Art. 41.

La commission administrative prescrira et fera exécuter toutes les mesures propres à garantir l'exactitude dans les recettes, l'économie dans les dépenses, la régularité dans les comptes, et le maintien de l'ordre dans toutes les branches du service intérieur.

Elle s'assemblera tous les dimanches, s'il y a lieu, du 1er janvier au 31 mai, et seulement le 1er dimanche de chaque mois, pendant le reste de l'année. Elle pourra avoir des séances extraordinaires, d'après la convocation de son président.

MM. les membres de la commission seront répartis en deux comités :

1° *Comité de surveillance intérieure.*

Dispositions réglementaires. — Salons. — Choix et remplacement des gens de service.

2° *Comité des fonds.*

Recettes. — Dépenses. — Régularisation des comptes.

ART. 42.

Il est interdit à la commission administrative de contracter aucune dette; afin de prévenir toutes difficultés et tous embarras, dans le cas prévu par l'article 19, une clause du bail devra toujours laisser à la Société la faculté de le résilier, au moyen de l'abandon d'une somme fixée à l'avance, et qui devra être payée au propriétaire du local, à titre d'indemnité, ou de sous-louer l'appartement.

ART. 43.

Toute disposition de fonds et toutes mesures générales d'administration de-

vront être nécessairement délibérées, ar-
rêtées et signées par le tiers au moins de
la totalité des membres de la commission.

Trois membres suffiront, du 1er juin
au 1er janvier, pour prescrire et valider
toutes les dispositions de détail et toutes
les mesures d'administration qui ne seront pas contraires aux délibérations prises, comme il est expliqué au premier
paragraphe du présent article.

Art. 44.

Chaque année, dans le courant du
mois de janvier, la commission administrative fera dresser un état exact des recettes et dépenses effectuées pendant
l'année, pour être soumis à l'examen des
trois commissaires vérificateurs dont il va
être parlé ci-après, et ensuite soumis,
avec le budget qu'elle aura arrêté, à l'approbation de l'assemblée générale conformément à l'article 47.

Art. 45.

La commission administrative pourvoira

provisoirement au remplacement de ses membres décédés ou démissionnaires pendant l'année. Les membres ainsi nommés n'exerceront leurs fonctions que jusqu'à l'assemblée générale annuelle, qui procédera à la nomination définitive.

Art. 46.

M. l'Agent comptable sera chargé de la garde et de la conservation des livres, registres, papiers, gravures, ainsi que de tous les objets mobiliers appartenant au Cercle, et dont il est fait un récolement annuel.

Il fera opérer le recouvrement des cotisations et autres produits, dont le montant doit être déposé dans une maison de banque, et il sera comptable des sommes mises à sa disposition pour les besoins journaliers.

Il ne pourra ordonner aucune dépense qui ne serait arrêtée et ordonnée par la commission.

Il tiendra toutes les écritures de la

comptabilité et de la correspondance ; enfin, il réglera les travaux des employés et gens de service.

Le tout sous la direction de la commission administrative.

Le cautionnement de l'agent comptable est fixé à 3,000 fr.

Son encaisse ne pourra être de plus de 2.000 fr.

Art. 47.

L'assemblée générale aura lieu nécessairement dans le mois de janvier, à l'effet d'entendre le rapport de la commission administrative, par l'organe de l'un de ses membres désigné *ad hoc*, sur la situation morale du Cercle, ainsi que sur le matériel des comptes et sur le plus ou moins de conformité avec les dispositions réglementaires.

Après cette lecture, M. le président ouvrira la discussion sur les propositions qui auront pu être faites, et il y sera donné telle suite que de raison.

Le rapport de la commission et le résultat de la délibération seront sommairement rapportés dans le procès-verbal de la séance, et le tout sera imprimé et distribué aux membres titulaires.

Avant de se séparer, l'assemblée générale procédera aux nominations prévues par les présens statuts et au choix de trois membres pris hors de la commission administrative, et de deux suppléans, lesquels seront chargés de vérifier, dans le mois de janvier de l'année suivante, les comptes de l'exercice écoulé et d'en remettre un rapport écrit à la commission administrative, qui sera déposé sur le bureau de l'assemblée générale.

Art. 48.

Il n'y aura d'assemblées générales que celles annuelles, à moins d'une convocation de M. le président du Cercle ou de la commission administrative,

Les délibérations des assemblées générales ne seront valables qu'autant que vingt-cinq membres au moins y auront coopéré; ce qui sera constaté par l'appel nominal : il n'y aura lieu à procéder au scrutin que lorsqu'il sera demandé par plus de dix membres.

Dans tous les cas, même dans celui de la Société, ces délibérations pourront néanmoins être prises, en quelque nombre que ce soit, à la suite de deux convocations faites successivement, de quinzaine en quinzaine.

Elles devront être signées du président et du secrétaire, et inscrites sur un registre spécial, et la commission administrative demeurera chargée d'en assurer l'exécution.

Art. 49.

La commission administrative déterminera, par un règlement particulier, le prix des parties aux divers jeux tolérés par l'art. 56, ainsi que le prix des cartes, elle pourra diminuer ou augmenter cette

fixation, suivant qu'elle le jugera convenable aux intérêts du Cercle.

—

TITRE SIXIÈME.

Mesures d'ordre.

ART. 50.

MM. les membres du Cercle devront
déférer aux observations de MM. les
membres de la commission administrative,
ces observations ne pouvant jamais avoir
d'autre but que de maintenir rigoureuse-
ment les règles qu'ils se sont volontaire-
ment imposées, et de conserver entre eux
la bonne intelligence et les égards conve-
nables.

ART. 51.

Le premier dimanche de chaque mois,
la commission désignera un de ses membres et quatre secrétaires auxquels sera
particulièrement confiée la tâche de veiller

alternativement, chacun pendant une semaine, à la stricte exécution des Statuts
et des convenances.

Art. 52.

Le membre de la commission administrative sera chargé de diriger tout le service intérieur.

MM. les commissaires de semaine,
désignés conformément à l'article précédent, recevront, dans les salons, les
membres nouvellement admis, et veilleront
à ce que l'ordre et les convenances soient
strictement maintenus, et ils feront droit
à toutes les réclamations qui pouront leur
être adressées par MM. les membres du
Cercle, et s'occuperont constamment de
ce qui pourra accroître l'harmonie parmi
les membres. L'un d'eux occupera le
fauteuil en l'absence des président et vice-
présidens pendant les conférences, pour
y maintenir l'ordre désirable, et il inter-
dira la parole aux interlocuteurs qui s'en
écarteraient.

En cas d'absence, ils se suppléeront les uns les autres.

Art. 53.

Toute discussion politique est formellement interdite dans les salons du Cercle.

Tout démarche politique au dehors. soit de la part de MM. les président et vice-présidens du Cercle, soit de la part de la commission, est également interdite.

Art. 54.

Toutes discussions de jeu seront réglées par la règle écrite. Il sera pris par la commission administrative, pour la faire établir, telle mesure qu'il appartiendra.

Art. 55.

Aucun membre ne pourra emporter, sous aucun prétexte, les journaux et revues à l'usage du Cercle.

Art. 56.

Les jeux de commerce, savoir : le

wisht, le boston, le piquet, le reversi, le tric-trac, les échecs, les dames et le billard, sont les seuls jeux tolérés dans les salons. Tous les autres jeux sont sévèrement interdits.

Une amende de cent francs par personne sera infligée pour la première infraction à cet article, une seconde infraction entraînerait de droit l'exclusion du Cercle.

Art. 57.

Dans le cas d'infractions aux Statuts et règlemens, commises par un membre du Cercle, il sera passible d'une amende de cent francs; en cas de récidive, la commission sera tenue de convoquer l'assemblée générale, qui prononcera l'exclusion de ce membre, si elle le juge convenable, à la simple majorité des membres présens, et au scrutin.

Art. 58.

Dans le cas de scandale, de querelle,

d'inconduite ou d'excès quelconques,
commis par un membre dans l'intérieur
du Cercle, la commission sera tenue de
convoquer de suite l'assemblée générale,
qui pourra prononcer l'exclusion de ce
membre, de la manière qui est fixée dans
l'article précédent.

TITRE SEPTIÈME.

Dispositions générales.

Art. 59.

MM. les membres du Cercle s'interdisent toute discussion devant les tribunaux, et veulent que toutes les contestations qui pourront s'élever sur l'interprétation ou sur l'exécution des présens statuts, soient jugées en dernier ressort, et sans aucun recours, par deux arbitres amiablement nommés par les parties dissidentes, et choisis dans le sein du Cercle.

et ils prononceront tous trois comme amiables compositeurs.

Art. 60.

Chaque membre renonce expressément à demander la dissolution de la Société, hors le cas prévu par l'art. 19.

A la dissolution de la Société, la liquidation sera faite par cinq membres titulaires nommés en assemblée générale. S'il existait un actif, il en serait fait emploi suivant la décision de l'assemblée générale.

Art. 61.

MM. les membres reconnaissent que toutes les dispositions prises dans leurs assemblées générales , convoquées à domicile, seront obligatoires pour tous.

Art. 62.

Les présens statuts seront obligatoires pour tous les membres du Cercle , et la commission veillera à ce qu'ils soient

strictement observés. Aucun article des
statuts ne pourra être changé qu'en assemblée générale, et qu'à la majorité des
deux tiers des voix.

Art. 63.

Aucune proposition, pour les change-
mens dans les statuts, ne pourra être faite,
ni être discutée et adoptée dans l'assemblée générale annuelle que sur la demande
de dix membres titulaires.

Cette demande devra être présentée à
la commission administrative et affichée
dans l'intérieur du Cercle quinze jours
avant l'assemblée, avec l'énoncé des chan-
gemens qu'on veut réclamer et des motifs
à l'appui.

Art. 64.

Tout changement dans les statuts sera
soumis à l'approbation du ministre de
l'intérieur.

COMMISSION ADMINISTRATIVE

DU

NOUVEAU CERCLE.

COMMISSION ADMINISTRATIVE

DU

NOUVEAU CERCLE

(1850).

PRÉSIDENT DU CERCLE.

M. le vicomte de la Rochefoucauld.

VICE-PRÉSIDENS.

MM. le marquis de Juigné.
le comte Thierry de Montesquieu.

COMMISSION ADMINISTRATIVE.

MM. le comte de Lauriston.
le comte de Bryas.
le comte de Juigné.
le baron de Montfaucon.
le vicomte du Martroy.
le comte de Jobal.

MM. le comte Léon de Bastard.
le marquis de Caux.
le vicomte de Magnieu.
Bretonnière (Henri de la).

MEMBRES TITULAIRES

DU

NOUVEAU CERCLE.

MEMBRES TITULAIRES.

A.

MM. Amilly (vicomte d').
Andlau (comte d').
Angosse (comte d').
Antas (le chevalier d').
Aramon (comte Paul d').
Aramon (comte Georges d').
Arnouville (Octave d').
Audiffret-Pasquier (marquis d').
Auteuil (comte d').
Autichamp (comte Anatole d').

B.

MM. Bagneux (comte de).
Bagneux (Zénob. de).
Bailleul (marquis de).
Bailleul (comte de).
Balleroy (comte Albert de).
Balorre (comte Léon de).
Bannerman (Alexandre).
Barbantane (marquis de).
Barbançois (comte de).
Barbançois (Alexis de).
Baring (W.)
Bastard (comte Léon de).
Bastard (vicomte Adhémar de).
Bauffremont (prince Roger de).
Bauffremont-Courtenay (le prince de).
Bauffremont (prince Paul de).
Béarn (comte Henri de).
Beaumont (comte de).
Belbeuf (comte de).
Beurnonville (comte E. de).
Beurges (comte de).

MM. Bernon (baron Prudent de).

Biencourt (comte Charles de).

Biron (comte Étienne de).

Blou (vicomte de).

Boisgelin (comte de).

Bonnechose (Arthur de).

Bourbon-Chalus (comte de).

Bourbon-Busset (Charles de)..

Bretonnière (Henri de la).

Brienen (baron Henri de).

Brissac (comte Fernand de).

Brézé (marquis de).

Brézé (comte de Dreux).

Bryas (comte de).

C.

MM. Cadore (marquis de).
Carayon–la-Tour (baron Joseph).
Carayon-la-Tour (baron Léopold).
Caux (marquis de).
Caze (vicomte Albert de).
Cessac (vicomte de).
Chabrillan (comte René de).
Chabrillan (comte Paul).
Chambrun (comte de).
Champigny (marquis de).
Châteaurenard (marquis de).
Chaumont-Quitry (comte Odon de).
Chemellier (vicomte de).
Chevry (Edgar de).
Chevreuse (duc de).
Clermont (Mont-St-Jean Marquis de)
Coislin (vicomte de).
Contades (comte Arthur de).
Corbett (Edwin).
Corcelles (comte Henri de).
Cornudet (vicomte de).

MM. Courval (Arthur de).
    Crisenoy (comte de).

D.

MM. Damas (comte de).
    Dampierre (comte de).
    Dawidoff (comte de).
    Delamarre (Henri).
    Deservillers (vicomte de).
    Dion (baron A. de).
    Dopff (baron).
    Duperré (baron).

• 48

E.

M. Espine (de l').

F.

MM. Fitz-James (duc de).
Flamarens (vicomte de Grossoles).
Fleuriau (Aimé de).
Forestier (comte de).
Fournès (comte Robert de).

G.

MM. Gouvello (comte de).
Guichen (vicomte de).
Guitaut (comte de).
Gramont (comte Alfred de).
Grange (comte Gustave de).
Grange (baron Alexis de la).

H

MM. Hay-des-Netumières (vicomte Ch.).
Hinnisdal (comte d').
Hocquart (baron).
Hope (Williams).
Houdetot (vicomte d').

J

MM. Jobal (comte Arthu rd).
Jouy (vicomte Ernest de).
Juigné (comte Gustave de).
Juigné (marquis de).
Juteau (Alphonse).

L

MM. La Guiche (vicomte de).
   Lareinty (baron de).
   La Rochefoucauld (vicomte de).
   La Rochefoucauld (comte Sosthène de).
   Latour-du-Pin (comte Roger de).
   Lauriston (comte de).
   Lauriston (vicomte de).
   Lauriston (Arthur de).
   Ligne (prince Henri de).
   Lorge (comte de).
   Louvencourt (comte de).

M

MM. Mackensie (Grieves).
   Mac-Mahon (marquis de).
   Malart (comte Gustave de).
   Manoir (baron Robert du).
   Manoir (Vicomte Roger de).

MM. Magnieu (vicomte Ernest de).
Martroy (vicomte du).
Mauny (comte James de).
Mauny (baron Reviers de).
Meffray (comte de).
Menou (comte de).
Montesquiou (comte Thierry de).
Montesquiou (comte Gonzalve de).
Montesquiou (Wlodimir de).
Montfaucon (baron de).
Montgommery (de).
Mosbourg (comte de).
Moustier (marquis de).
Moustier (comte de).

N

MM. Nettancourt (comte de).
Nienwerkerke (comte de).

Noailles (comte Alfred de).
Noailles (Jules de). duc d'Ayen.
Noailles (marquis Emmanuel).
Noirmont (baron Dunoyer de).

O

MM. Osmond (comte d').
Oudinot (marquis).
Oultremont (comte Charles d').

P

MM. Panouse (vicomte Artus de la).
Panouse (vicomte Henri de la).
Peyronnet (vicomte Richard de).
Poëze (vicomte de la).

Poilly (baron Henri de)..
Polignac (prince Alphonse de).
Pontevès (comte de).
Pontgibaut (comte de).
Poret (vicomte de).

Q

M. Quesnoy (baron du).

R

MM. Raigecourt (comte de).
Riencourt (comte Roger de).
Roche-Aymon (comte de la).
Rothschild (baron Alphonse de).
Rothschild (baron Gustave de).

S

MM. Saint-Paul (marquis de).
Salignac (Fénélon de).
Salverte (Gaston de).
Sanlot (Réné).
Sanlot (Gustave).
Sartiges (comte de).
Scépaux (marquis de).
Ségur (comte Edgar de).
Sinety (comte de).
Slandich (Léonel).

T

MM. Talhouet (marquis de).
Talon (Artus).
Terray (comte Emmanuel).

V

MM. Varey (comte Paul de).
    Veauce (baron de).
    Villeneuve (comte Gaston de).
    Villeneuve (comte Arthur de).
    Vinck (baron de).
    Vogué (Melchior de).
    Vougy (comte Jules de).

W

MM. Webster (Charles).
    Winspeare (baron de).
    Woestine (baron Van de).

MEMBRES TEMPORAIRES

DU

NOUVEAU CERCLE.

www.ingramcontent.com/pod-product-compliance
Lightning Source LLC
LaVergne TN
LVHW021817170726
843503LV00007B/3228